ENTRETIEN
ENTRE
MONSEIGNEUR
L'ARCHEVEQUE
DE REIMS,
ET LE P. RECTEUR
DES JESUITES
DE LA MESME VILLE;
Le 9. Juin 1689. sur divers sujets.

A AIX,
Chez GASPAR MIGNON.
M. DC. XC.

ENTRETIEN

Entre Monseigneur l'Archevéque de Reims, & le P. Recteur des Jesuites de la même Ville, le 9. Juin 1689. sur divers Sujets.

MONSEIGNEUR l'Archevéque de Reims la veille de son départ, jour de la Fête Dieu derniere, reçut plusieurs visites aprés son diner. *a* Le P. Andri Recteur dës Jesuites y étant venu, comme les autres, Mr. de Reims l'apperçut, & dit tout haut, qu'on donne un siege au P. Recteur. Approchez-vous, P. Recteur, & vous mettez auprés de moy. Ce qui surprit toute la Compagnie, qui commençoit à étre nombreuse, de voir ce Prélat faire cette déference à ce Pere; ce qu'il n'avoit pas accoûtumé de faire, & qu'il n'avoit pas fait à d'autres personnes plus qualifiées, & à d'autres Superieurs de Maisons plus consi-

a *Le Pere Andri Recteur du College des Iesuites de Reims.*

considerables que celle des Jesuites.

Ce Recteur étant placé, Mr. de Reims reprit la conversation, & se retournant vers le Pere, dit tout haut à sa maniere ordinaire: Il n'y a rien de plus admirable que les entreprises des Jesuites. Il faut que vous sçachiez, Messieurs, a que le Pere Begain a composé un ouvrage de controverse en François, approuvé par des Theologiens de sa Societé, auquel est jointe la permission d'imprimer du Provincial le P. Camaret. Cet ouvrage contient plusieurs propositions contraires à la doctrine de ce Diocese, au sujet de la Penitence qu'il détruit, sans parler de l'amour de Dieu, & contraires à la doctrine du Clergé de France touchant l'infallibilité du Pape.

a Ouvrage du P. Begain.

M. Josseteau, qui est icy present, l'ayant examiné, conseilla au Pere Begain de retrancher ces propositions, & plusieurs autres qui sont au nombre de 24 ou 25. Ce Jesuite promit à ce Docteur de le faire, & quelque temps aprés ce Jesuite luy mesme apporta son ouvrage sans y avoir rien corrigé ny retranché que tres peu de chose dans les marges, & rien du tout de ce qui estoit mauvais dans le corps du livre, croyant, comme c'est la coutume des Je-

suites,

ſuites, que ce livre devoit paſſer comme les autres, au mépris des Archeveſques & du Clergé de France, qui ſont tous bleſſez dans cet ouvrage, qui eſt plutoſt l'ouvrage d'un homme qui devroit eſtre renfermé aux petites Maiſons, que d'un Theologien âgé de 80. ans. Mais parceque c'eſt l'ordinaire de la Compagnie d'approuver tout ce qui vient de ſes ſujets, il falloit que ce livre paſſaſt, ſi l'Archeveſque de Reims ne s'y eſtoit opposé. Cet homme perſecuté pour la juſtice paſſera chez vous (parlant au Recteur) pour le vieillard ou le 7. animal de l'Apocalypſe. Mais il y va du zele de l'Archeveſque de Reims de faire connoître au Cardinal le Camus quelles gens on luy envoye pour travailler dans ſon Dioceſe en la perſonne du P. Camaret. C'eſt pourquoy je pretens, P. Recteur, avoir l'original de ce bel ouvrage, & en envoyer une copie autentique à ce Cardinal, & vous partirez inceſſament, tandis que l'on dira les Veſpres, afin que je puiſſe avoir aprés Veſpres cet ouvrage ſans reſtriction mentale ni équivoque : ce que ce Prelat repeta deux ou trois fois. Le Recteur alla pendant les Vêpres executer les ordres de M. l'Archeveſque & apporta l'ouvrage du P.

Begain, ſur lequel ce Prelat ayant mis la main, il ſe divertit à le voir & à marquer les endroits que M. Joſſeteau luy indiquoit en preſence du Recteur. Aprés quoi il enferma ce Manuſcrit dans ſa caſſette, & congedia M. Joſſeteau & le P. Recteur.

Monſeigneur continüant la converſation en attendant qu'on allaſt à Vêpres, & avant que le P. Recteur ſortit, mit le Nouveau Teſtament de Mons ſur le tapis, *a* & dit que la Societé approuvoit tous les ouvrages des Jeſuites, pour pitoyables qu'ils puſſent être; mais qu'elle ne pouvoit ſouffrir ceux des autres, quelques beaux & admirables qu'ils fuſſent; Que c'eſtoit ce qui avoit ſi fort animé la Compagnie contre le Nouveau Teſtament de Mons, l'ouvrage le plus accompli du ſiecle, parceque toute la Compagnie enſemble, compoſée de plus de ving mille Jeſuites mis à l'alambic, n'eſtoit pas capable d'en faire autant, & que c'eſtoit un ouvrage ſi bien concerté, qu'on ne pourroit y trouver un ſeul mot à critiquer. Vous êtes perſuadez, Meſſieurs, leur dit-il, que je ſçai quelque choſe, par la grace de Dieu, je ne ſuis pas ignorant; j'ay voulu quelquefois me divertir à traduire quelques paſſages de l'Evangile, ou de Saint

a Touchant le N. Teſtament de Mons.

Saint Paul, je prenois un Nouveau Teſtament Latin, & je traduiſois en François ce qui me venoit à l'eſprit, je conferois ce que j'avois fait avec la traduction de Mons, & je n'ay jamais pu rencontrer en tout ce que j'en ay traduit, & en traduiray un ſeul verſet conformément au ſens & à la beauté de cet incomparable ouvrage. Hé bien, P. Recteur, qu'en direz-vous? Qu'en croyez-vous? A-t-il eſté defendu? Le P. Recteur ne voulant pas d'abord dire ſon avis, penſoit à ce qu'il devoit répondre. Mais, preſſé par le Prelat, il dit que Clement IX. l'avoit defendu. Hé bien! ne ſçavois-je pas pas bien que vous me feriez cette impertinente réponſe? Comment pouvez vous dire que ce Pape ait defendu le N. Teſtament de Mons, lui qui ne ſçavoit ny Latin, ni François, ni Grec? Comment voulez-vous qu'un homme porte jugement d'un Livre qu'il n'entend pas? J'étois à Rome du temps de ce Pape-là. J'eus l'honneur de lui parler Italien, que je lui parlay fort mal, parce que je ne le ſçavois pas bien; Que me répondrez-vous à cela? Vous ne pouvez pas dire que le Nouveau Teſtament de Mons ait été condamné dans ce Dioceſe; car l'Ordonnance n'en a pas été pu-

 bliée.

bliée. C'étoit une belle Ordonnance! Elle avoit été faite par vôtre P. Picard Confesseur de mon Predecesseur. (a) On a sçu que c'étoit lui qui en étoit l'Auteur, & le titre en étoit aussi sot & aussi impertinent que tout le reste de l'Ordonnance. Hé bien, mon Pere je veux bien vous dire que cette Traduction de Mons n'est nullement deffenduë dans mon Diocese, & que j'en conseille la lecture à tous mes Diocesains, comme du meilleur Livre qui ait été fait de nôtre siecle. Je ne doute pas aprés cela que tous les Jesuites ne me tiennent pour le plus grand Jansenîste de France, & plus grand même que Jansenius; mais je ne me soucie pas de ce qu'ils en pensent, & s'il arrivoit à pas un Jesuite de s'en expliquer, je le traiterois comme il le meriteroit.

(a) Le Pere Picard veut faire defendre le N. Testament de Mons dans le Diocese de Reims.

Aprés quoi le P. Recteur répondit, qu'ils auroient toûjours pour son Excellence tous les sentimens de respect & d'estime qu'ils lui devoient. Ce Seigneur lui répondit, qu'il ne parlât point de respect, qu'il se le feroit toûjours bien rendre, & que s'ils y manquoient, il les releveroit de la bonne sorte qu'ils avoient coudées franches dans tant de Dioceses: qu'ils devoient

se

ſe contenter d'y dominer ; mais que pour celui de Reims, il pretendoit y étre le Maître, & y gouverner abſolument. Que S.Paul n'avoit pas dit : *Poſuit Ieſuïtas regere Eccleſiam*; mais *Epiſcopos*, que cet Apôtre s'étoit mépris, & qu'il auroit dû mettre *Ieſuitas.* A quoi Monſieur Favre repartit, que cela ſe pourroit entendre, *mediate*. Mais ce Seigneur répondit auſſi-toſt, que ce ne ſeroit ni *mediate*, ni *immediate*, qu'il y donneroit bon ordre. Que c'étoit leur coûtume de ſe dédommager du paſſé quand ils pouvoient avoir le deſſus d'un Evêque ; que c'étoit pour cela qu'ils laiſſoient ſi long-temps à Sens le même Recteur, qui étoit le conſeil de l'Archevêque deffunt, où il dédommageoit la Compagnie de ce qu'elle avoit ſouffert pendant le Siege vacant de Monſieur de Gondrin. Enſuite ce Seigneur repeta pluſieurs fois, le P. Recteur me croit le plus grand Janſeniſte du monde, parceque je ſoûtiens un homme que la Compagnie croit un des principaux Chefs des Janſeniſtes ; puis preſſant le P. Recteur, il luy dit derechef ; Quel fondement pouvez-vous avoir de vous déchaîner contre le N. Teſt. de Mons. Vous n'avez que la condamnation de Clement IX. Mais si vous la voulez recevoir, il faut donc que vous receviez aussi la condamnation des 67. Propositions de la Morale de vos Jesuites faite par Innocent XI. Dequoi cependant vous vous donnez bien de garde, & je ne doute pas que vous ne les enseigniez. Le P. Recteur repliqua qu'on ne les enseignoit point dans son College. Ce Seigneur lui repartit qu'on feroit bien, & que s'il le sçavoit, il ne le pardonneroit pas. Ensuite il lui demanda combien il avoit de Regens en Theologie, & s'ils n'enseignoient pas la Doctrine de la Probabilité? Le P. Recteur répondit qu'ils enseignoient, qu'il falloit tenir l'opinion la plus probable; & ce Seigneur ajoûta, c'est du moins ce que vous devez enseigner; mais je m'en rapporte à ce qui en est; car les équivoques & restrictions ne vous embarassent pas, & vous croyez que tous ceux qui ne sont point de vôtre sentiment sont Jansenistes & Heretiques. *a* Témoin le Billet que les Jesuites de Paris ont mis à la Sacristie des Filles de Sainte Avoye qu'ils conduisent, pour recommander aux Fideles & à leurs prieres Innocent XI. qui étoit devenu Janseniste.

(a) *Condamnation des 67. Propositions des Iesuites par Innocent XI.*

a *Billet à la Sacristie de Sainte Avoye*

b La rencontre que j'eûs prés de Luxembourg

b *Le Curé*

bourg du Curé de cette Ville, merite que j'en divertisse la Compagnie. Arrivant proche de cette Ville, le Curé me vint faire civilité au nom du Clergé, & quoiqu'il m'eût fait un mauvais compliment, ele fis monter dans mon Carosse, je l'interrogé sur la discipline du Diocese, & aprés m'avoir exposé bonnement l'état des choses, il me dit: Au reste Monseigneur les Jesuites gâtent tout, d'abord qu'on n'est point de leur sentiment, ils font passer les gens pour des Jansenistes & pour des Heretiques, & remuent ciel & terre pour les perdre. Je vous dirai Messieurs, ce que je sçai d'original. *de Luxembourg.*

a Innocent XI. ayant condamné 67. Propositions de leur Morale par une Bulle expresse. Cette Bulle étant arrivée en France, le Procureur General requît qu'elle fut supprimée comme émanée d'un Tribunal qu'on ne reconnoit point en ce Royaume. Il y avoit dans le Requisitoire; *Quoi que ces Propositions fussent justement & duëment condamnées*. Ce que le P. de la Chaise ayant sçu, il se mit en Campagne, & sollicita le Procureur General de rayer de son Requisitoire ces mots: Mais ne l'ayant pû gagner il gagna Monsieur le Premier President,

a Histoire de la suppression de la Bulle d'Innocent XI. qui condamne les 67. Propositions de la morale des Jesuites.

 qui

qui raya ces mots du Requiſitoire, & ne les mit pas dans l'Arreſt, parce que c'euſt été foudroyer la Doctrine des RR. PP. Ainſi Monſieur le Procureur General eut le chagrin de voir ſon Requiſitoire reformé, dont il me témoigna ſon reſſentiment. C'eſt ainſi qu'il faut que tout plie ſous les intrigues de la Societé, & que tout le monde adore ſes ouvrages & ſa conduite, quoique l'une & l'autre ſoient ſouvent fort reprehenſibles. Il eſt neanmoins vrai qu'il y a quelques honnétes gens parmi les Jeſuites; mais il n'y en a que trop qui feront perir la Societé, s'ils ne changent de conduite & de maximes, & on peut dire que s'il y a eû parmi eux un peu de bon cotton, il y a eû depuis bien de la bourre.

a Madame de Mondonville. *L'Innocence opprimée.*

L'affaire de Madame de Mondonville *a*, & le Livre qui s'eſt fait ſur ce ſujet ſous le titre de *l'Innocence opprimée par la calomnie*, fait voir combien les Jeſuites ſont dangereux. Ce Livre eſt le plus terrible qui ſe ſoit jamais fait contre la Compagnie. Il n'eſt pas remply d'injures comme quelques autres; Ce ſont tous faits qui ne ſouffrent pas de replique, & qui font voir juſques où l'on peut pouſſer la paſſion, & combien l'envie de dominer fait naître de

deſordres

desordres en ceux qui en sont possedez.

a Si les Livres de Jesuites sont souvent trés méchans, leur maniere d'enseigner l'est encore davantage. Je sçai de la bouche de Monsieur le Prince d'aujourd'hui, qu'aiant donné à Monsieur son fils deux Jesuites pour le conduire dans ses études, ils lui faisoient tous les jours ses Themes. Ce petit Prince les portoit à feu Monsieur le Prince son grand Pere, qui étoit ravi de voir son petit fils s'avancer dans les Lettres, sans que Monsieur le Prince d'à present ait jamais osé rien dire, ni découvrir l'imposture de ces Peres; car les Princesses auroient marché d'une grande force. Ce qui a fait que ce jeune Prince est sorti de chez les Jesuites sans sçavoir un mot de latin.

a Maniere d'enseigner des Jesuites dans leurs Colleges.

Monsieur de Reims ajoûta que la même chose étoit arrivée à lui & à Monsieur son Frere; quoique nous ne fissions rien du tout en Classe, dit il, nous étions toûjours Empereurs, & nous avions toûjours les prix. Surquoi il demanda au Marquis de Silleri qui étoit present, si son petit fils qui étoit aux Jesuites n'avoit point eu deja des prix, & s'il n'étoit pas Empereur? Le Recteur répondit qu'il n'y avoit que trois mois qu'il étoit en Sixiéme, & qu'il avoit été

Em-

Empereur, parce qu'il le meritoit.

Ainsi finit la conversation, Monseigneur s'en alla à Vépres. Le P. Recteur s'en alla chez lui, & apporta aprés Vépres à Monseigneur l'Ouvrage du P. Begain, comme il a été dit d'abord.

a Quelques Propositions erronées du P. Begain.

a Voici quelques-unes des 24. ou 25. Propositions que Monsieur Josseteau a trouvées condamnables dans le Livre du P. Begain, lorsqu'il le lui donna pour l'examiner.

I. Qu'un Payen peut faire un Acte surnaturel d'amour de Dieu, & en vertu de cet Acte être sauvé.

II. Qu'un Heretique vivant parmi les Catholiques, péut être dans la bonne foi & dans une ignorance invincible de la fausseté de sa Religion.

III. Il traite le Concile de Basle de schismatique, & condamne le Cardinal d'Arles qui en étoit le President.

IV. Il releve l'autorité du Concile de Latran qu'on ne reçoit en France qu'à l'égard du Concordat.

V. Il tient le Pape infaillible & superieur aux Conciles.

VI. Pretend que les Evêques reçoivent leur authorité immediatement du du Pape, & non de Jesus-Christ.

VII. Il definit la penitence sans parler de l'amour de Dieu, ce qui est contraire au Rituel de Reims.

Les autres Propositions sont à peu prés semblables.

Copie d'une autre Lettre écrite en 1689.

VOus vites il a quelques mois, Monsieur, une espece de Dialogue entre Monseigneur l'Archevêque de Reims & le P. Recteur du Collego des Jesuites de la mesme Ville. Je ne doute pas que la lecture de cette Piece ne vous ait diverti, car assurement elle étoit divertissante. Mais aprés vous avoir donné le plaisir de cet Entretien, il faut encore vous donner celui d'un autre que le mesme Prélat eut le premier jour de May de la presente année avec le Recteur dos Jesuites de Châlons, & Monsieur de Nointel Intendant de Justice en Champagne, en presence de plus de cinquante personnes.

Monseigneur l'Archevêque de Reims étoit venu voir Monseigneur l'Evêque de Châlons, avec lequel il vit dans une profonde amitié. Le Pere Recteur des Jesui-

tes

tes sçachant son arrivée vint à l'Evesché pour rendre ses devoirs à Monseigneur l'Archevêque qu'il trouva par malheur pour lui dans la grande Sale en bonne Compagnie. Dés qu'il le vit : Hé bien, Pere lui dit-il ! Comment vont vos afaires en ce païs ? Bien, n'est ce pas ? Car les afaires des Jesuites vont bien par tout.

Le Recteur. Pardonnez moi, Monseigneur, nos afaires vont fort mal ici, on nous a saisi nôtre bien réellement.

Monseigneur. Cela ne peut pas être, mon Pere, car vous n'en devez point avoir, puisque vos Constitutions vous le défendent.

Le Recteur. Je ne sçache point, Monseigneur, que nos Constitutions nous défendent d'avoir du bien ; mais il n'est que trop vrai qu'on nous a saisi réellement le peu que nous en avons.

a. Monseigneur. Bon, bon, vous sçavez parfaitement ignorer ce qui est contre vos intérests, & moi je suis plus sçavant que vous ; car je sçai fort bien que vos Constitutions vous le defendent, & qu'un Pape a ordonné à tous vos Peres d'Italie de se défaire de tous vos biens : parce qu'ils les avoient acquis contre la disposition expresse

a Les Jesuites ne doivent pas avoir de biens. Voyez leurs Constitutions.

presse de vos Constitutions. Mais voyons, voyons. On vous a, dites vous saisi, tout vôtre bien réellement, d'où vient cela ? Pourquoi vous l'a-t-on saisi.

Le Recteur. Monseigneur, nous avons eû le malheur de perdre un Procés de tres-grande consequence qui duroit depuis vingt-sept ou vingt-huit ans. Nous avons été condamnez de payer le principal, les interests & tous les depens, & comme nous sommes dans l'impuissance de payer, on a saisi tout ce que nous avons; de sorte qu'il ne nous reste pas de pain, & nous serons obligez de fermer nôtre College.

Monseigneur. Si cela est ainsi, Monsieur, parlant à Monseigneur l'Evêque de Châlons, il faut que je vous envoie des Regens. Je vous en envoyerai.

Monseigneur l'Evêque de Châlons. Monsieur, je vous en remercie, vous en avez besoin, Monsieur.

Monseigneur l'Archevêque. Non, non, Monsieur j'en aurai encore assez, j'ai trois Colleges dans mon Diocese, il me suffira d'en avoir deux, & ne craignez pas, Monsieur, que les Regens que je vous envoyerai vous soient à charge, je vous les envoyerai avec leur subsistence bien assurée.

Mon-

Monseigneur de Châlon. Non, Monsieur je vous en rens graces.

Monseigneur l'Archevêque parlant au Recteur. Hé bien puisque Monsieur de Châlons ne veut point d'autres Regens, voyons s'il n'y auroit point quelque moyen de vous remettre. *a* Vous avez deux maisons à Reims; quand vous n'y en auriez qu'une, ce ne seroit que trop, vendez l'une ou l'autre, vous employerez ici le prix pour y racommoder vos afaires, & si cét expedient ne vous plaît pas, il faut que vous vendiez ce magnifique Portail que M. de Vitri la Ville a fait bâtir à vôtre Eglise.

a *Les Jesuites ont deux maisons à Reims.*

Le Recteur. Hé, M. ce n'est pas M. de Vitri la Ville seul qui nous a donné dequoi bâtir nôtre Portail, il y a bien d'autres gens qui y ont contribué.

M. l'Arch. Il n'y en a point eu d'autres que lui, & je sçai fort bien qu'il vous a donné 50. mille écus. *a* Mais en verité, si vous ne voulez pas emploier le prix de ce Portail à rajuster vos afaires que vous dites si déconfites, vous devriez au moins l'emploier au payement des creanciers de Vitri la Ville; Car à proprement parler les 50000. liv. qu'il vous a donnés sont les biens

a *M. de Vitry la Ville a donné 50 mille Ecus aux Jesuites.*

biens de ses creanciers, & vous ne pouvez en conscience en joüir tandis qu'il leur fait banqueroute.

Mais revenons à ce procés. Quoi ! vous en avez perdu un procés de consequence; *b* Cela est fort surprenant, vous qui estes si puissans par le credit que vous vous donnez, & que vous donnent les Congregations, les Predications, les Confessions, les Directions, l'instruction de la jeunesse, & tant d'autres bons moyens dont vous vous servez pour venir à bout de vos entreprises. Encore un coup, cela est fort surprenant ? Quel peut-être le Tribunal où vous avez perdu ce procés.

b Les Iesuites sont en grand credit, & pourquoy.

Le Recteur. Au Parlement de Paris, Monseigneur.

M. l'Arch. C'est ce qui me surprend bien davantage; Car vous avez bien plus de credit dans Paris qu'ailleurs. Mais qui ont été vos Juges ? Il faut assurement que ce soient des Jansenistes: Car il n'y a au monde que les Jansenistes capables de faire perdre un procés à des Jesuites.

a Mais à propos de cela, dites moi, je vous prie, pourquoi vous appellez Jansenistes tout ceux que vous n'aimez pas ? Il suffit de n'être pas de vos amis pour être Janse-

a Les Iesuites appellent Iansenistes

tous ceux qu'ils n'aiment pas.

Janseniste. Cela vous fait grand tort dans le monde, & plus que vous ne croiez. Car vous faites passer pour Jansenistes bien des gens qui ne pensent à rien moins, & vous donnez par là une idée du Jansenisme si peu desavantageuse aux prétendus Jansenistes que vous faites naître à un tres-grand nombre de personnes l'envie d'être Jansenistes, en usant de la sorte.

Le Recteur. Hélas ! Monseigneur, nous ne parlons plus de Jansenisme, ni de Jansenistes depuis que le Roi l'a defendu.

M. l'Arch. A d'autres, à d'autres, vous n'avez autre chose dans la bouche, & vous n'avez point d'autre injure que vous croyez plus propre à perdre ceux que vous n'aimez pas que de les faire passer pour Jansenistes. Ce sont assûrement des manieres trés-mauvaises & trés-odieuses: Mais laissons cela là, & revenons à vôtre procés. Il faut pour l'avoir perdu que vous ayez eu afaire à des parties bien puissantes. Qui étoient donc vos parties ?

Le Recteur. Ce sont les Mandians de cette Ville, Monseigneur.

M. l'Arch. Lequel reculant quatre pas en arriere dit; Des Mendians gagner un procés contre des Jesuites; faire saisir

réel-

réellement le bien des Jesuites;vous vous moquez de moi Pere! Cela n'est pas croiable. Des Mandians qui ne sont que des atômes en comparaison des Jesuites, il faut, si vous dites vrai, que vôtre cause ait esté bien mauvaise & bien injuste.

Le Recteur. Cela n'est que trop vrai pour nous, Monseigneur.

a Dans ce même temps entrerent deux Peres Benedictins qui venoient faire la reverence à M. l'Archevêque de Reims. Dés qu'il les eut apperçûs, il se tourna du côté de M. Nointel, & lui dit: Voila des Peres qui depuis quelque temps ont acheté une fort belle Bibliotequo de la succession de feu M. l'Abbé le Roi, Abbé de Hautefontaine; Si j'eusse sçeu qu'elle eut êté à vendre, ils ne l'auroient pas achetée, il faut que vous l'alliez voir, elle est digne de vôtre curiosité.

a *Les Peres Benedictins ont acheté la Bibliotheque de M. l'Abbé le Roy.*

Le pauvre Recteur, qui jusques alors n'avoit osé se lever, ni même lever les yeux, fut ravi de trouver ce moyen pour se retirer.

Mais aprés vous avoir fait un recit fidele de cét entretien; Il est bon, M. pour vous en donner une intelligence parfaite, de vous dire le sujet du procés perdu par les Jesuites.

a *Sujet du procez perdu par les Iesuites.*

Il y a 27. où 28. ans que M. d'Anglure de la maiſon d'Eſtoge, inſtitua les Jeſuites de Chalons pour ſes legataires univerſels par un Teſtament, à condition qu'ils en acquiteroient toutes les charges, entre lesquelles il y avoit un legs par chacune des trois maiſons des Mendians de Châlons. Les Jeſuites s'emparerent d'abord du bien, & voulurent apparement par un détour d'intention de pure charité mettre les Mandians hors d'état de faire un mauvais uſage de ce qui leur étoit laiſſé par ce Teſtament; ils jugerent àpropos de ne leur rien donner du tout, en ſorte que les Mandians furent obligez de plaider.

Il y avoit encore un autre legs fait aux Religieuſes de la Congregation de Châlons, à condition qu'elles recevroient gratuitement dans le temps marqué par le Teſtament une fille de la famille du Teſtateur.

Mais ces Religieuſes ayant déja receu une fois une fille de cette ſorte, & voyant approcher le terme d'en recevoir une ſeconde, ſe deſiſterent du bien qu'elles avoient reçû à cette condition, & ne voulurent plus y être engagées.

Je ne ſçai ſi ce ſeroit faire un jugement teme-

temeraire de croire que les Jeſuites, qui gouvernoient abſolument ces Religieuſes, leur donnerent avis d'abandonner ce bien, dans le deſſein d'en profiter eux mêmes; Car dés le moment qu'elles y eurent renoncé; quoique la maiſon d'Eſtoge pretendît que ce fond devoit eſtre donné à d'autres Religieuſes à la même condition; Les Jeſuites pretendirent au contraire qu'il devoit leur retourner comme legataires univerſelles, parce qu'àyant une fois ſatisfait à la diſpoſition du Teſtament, ils n'êtoient plus obligez à autre choſe. La maiſon d'Eſtoge intervint là-deſſus en faveur des Religieuſes qui acceptoient le legs refuſé par les premieres & en faveur des Mandians que les Jeſuites menoient depuis tant d'années. Enfin aprés 27. ou 28. années de procedures, quoique les Jeſuites euſſent des concluſions favorables des Gens du Roi, ils perdirent leur procés tout d'une voix, ſans avoir eu un ſeul ſuffrage en leur faveur; & furent condamnez, en tout & par tout, au payement du principal, des interêts & des dépens.

FIN.

www.ingramcontent.com/pod-product-compliance
Ingram Content Group UK Ltd.
Pitfield, Milton Keynes, MK11 3LW, UK
UKHW021046260726
13994UKWH00005B/2377

9 782329 340739